Les Petites Brebis

Opérette en 2 Actes

Paroles de Armand Liorat
Musique de Louis Varney

Ce livret sert de manuscrit, il ne peut être vendu. Il doit servir seulement aux représentations du Théâtre de

Paul Dupont, Éditeur.
4, Rue du Bouloi, Paris

...vé selon les traités internationaux, droit d'exécution, de traduction et de reproduction réservés pour tous pays.

Les Petites Brebis

Opérette en Deux Actes

de M. Armand Liorat.

Musique de

M. Louis Varney

Représentée pour la première fois à Paris, au Théâtre Cluny, le Mercredi 5 Juin 1895.

Personnages.

Badurel, chef d'institution
Christian, jeune prince étranger, élève de l'Institution Badurel
Ficelin, autre élève de l'institution
Joseph, jardinier

Melle Eméraldine, Mouton de la Bergerie, Directrice du pensionnat des Petites Brebis.
Alice de Halberg, jeune pensionnaire
Fanny Grobichon, d°
Germaine d°
Marcelle d°
Autres jeunes pensionnaires.

La scène de nos jours, dans le Pensionnat des Petites Brebis à Neuilly, près Paris.

Imp. Paul Dupont, 4 Rue du Bouloi, Paris

Acte 1er

Un parc planté de grands arbres. A gauche, un vieux château servant de pensionnat de jeunes filles; portes massives, fenêtres closes par des volets persiennes, masquant la vue de l'intérieur. A droite un grand mur, si élevé encore par un treillage très serré et garni de lierre, masquant la vue du dehors. Dans ce mur, une porte communiquant avec la propriété voisine et garnie de solides verrous. Au fond une autre porte également verrouillée et donnant sur l'extérieur. Au milieu de la scène, un peu sur la droite, un gros arbre dont les branches s'étendent jusqu'au mur d'clôture. Au pied de l'arbre un banc. Au lever du rideau, Joseph, le jardinier, est en train d'arroser ses fleurs tout en chantant.

Scène 1re

Joseph *chantant*.
Arrose, arrose,
Sans te lasser;
Bon jardinier, l'œillet et la rose
Bon jardinier sans te lasser—
Arrose tes fleurs pour les faire pousser—
Les filles sont comme la terre;
Ell's ont besoin de l'arrosoir;
Leur cœur est un petit parterre,
Tout l'humecter matin et soir...
Arrose, arrose,
Sans te lasser;
Bon jardinier, l'œillet et la rose
Bon jardinier sans te lasser;
Arrose les fleurs pour les faire pousser

(La porte du pensionnat à gauche, s'ouvre et Emeraldine paraît.)

Scène 2e

Joseph, Emeraldine.

Emeraldine.
Ah! vous êtes là Joseph? mon ami, j'ai une observation à vous faire.

Joseph *ôtant son chapeau de paille*.
Et qu'y a, mam'zelle?

Emeraldine.
Lorsque les jeunes gens de l'école préparatoire voisine...

Joseph.
Ah! oui! la boîte à Baslot de Mr Badinel

Emeraldine.
Si vous aimez mieux... lorsque ces jeunes gens ont terminé leur promenade dans le parc, vous ne ratissez pas avec assez de soin toutes les allées.

Joseph.
Oh! pour ce qu'ils aliment, les pauvres garçons!.. Ils ne sont que deux!

Emeraldine, *tirant de sa poche une pipe et une blague à tabac.*
Oh! je ne me plains pas des dégâts matériels! mais, bien mes élèves, en venant à leur tour, prendre ici leur récréation, ont trouvé cette pipe et cette blague à tabac.

Joseph *riant et prenant les objets*.
Eh! ben! quel mal que ça peut ben leur faire, à ces jeunesses?

Emeraldine.
La vue de pareils objets serait capable de leur suggérer des idées qu'elles n'ont pas. Vous connaissez les principes d'éducation de mon pensionnat, ils sont formels: innocence et naïveté absolues! Pas une des jeunes filles confiées à ma garde, ne doit même soupçonner qu'il existe au monde des êtres d'un sexe différent du leur.

Joseph, *se tordant de rire*.
Pauvres petites chattes!

Emeraldine.
J'entends qu'il en soit toujours ainsi. C'est à cette condition que leurs familles les ont placées chez moi... elles payent de bonnes pensions, et......

Joseph
Je comprends... alors, si c'est ça, pourquoi que vous laissez vos demoiselles prendre leurs ébats ici, dans un jardin commun avec une école préparatoire ?

Emeraldine
Par mesure d'économie, mon garçon... Les loyers sont très chers à Neuilly ; la bicoque biscornue de Mr Badurel, comme vous dites si élégamment, était voisine de mon institution. Ce Monsieur est très comme il faut... Il m'a proposé de louer ce parc de compte à demi, j'y ai consenti à la condition que les récréations auraient lieu à des heures différentes, et que nos élèves respectifs ne pourraient jamais se rencontrer ni même s'apercevoir.

Joseph
Vous aurez beau dire et beau faire, vous verrez... il arrive toujours un moment ou qu'il faut que le cœur parle... C'est la nature qui veut ça quoi ! *(chantonnant)*
Les filles sont comme la terre
Elles ont besoin de l'arrosoir...

Emeraldine, *sévèrement*
Allons, c'est bon... assez de vos chansons grivoises... allez à votre ouvrage...

Joseph, *ramassant son arrosoir*
C'est bien, mam'zelle, c'est bien... ou y a... *(s'en allant, à part et tordant le nez)* Faut-il être bête !... vouloir que des grandes filles de quinze ans...

Emeraldine, *se retournant*
Vous dites ?

Joseph
Rien, mam'zelle... je m'en vas... *(reprenant son refrain)*
Arrose, arrose,
Sans te lasser...
Etc...
(Il disparait au fond dans le parc.)

Scène 3ᵉ

Emeraldine, *seule, répétant la dernière phrase de Joseph.*
Il arrive toujours un moment ou qu'il faut que le cœur parle !... Ah ! comme il connait bien les replis de l'âme humaine, ce vulgaire jardinier !... *(Tout en parlant elle tire un petit billet de son corsage et se dirige en sautillant, avec des airs puérils vers le gros arbre qui ombrage la scène à droite ; elle monte sur le banc placé au pied de l'arbre et introduit avec précaution son billet dans le creux d'une branche.)* Qui m'aurait dit jamais qu'à mon âge, après vingt années de pureté héroïque, moi, Emeraldine Mouton de la Bergerie, directrice d'un pensionnat, où la chasteté est poussée à un point qui confine à l'idiotisme, j'abuserais de la vieillesse d'un pauvre marronnier sans défense, pour correspondre secrètement avec un homme... *(descendant)* (Ah ! c'est qu'aussi Monsieur Badurel n'est pas un homme ordinaire ! c'est un esprit si distingué !... et avec ça, officier d'académie !...

Ariette
Instituteur, littérateur,
Critique, auteur et traducteur,
De tout il est à la hauteur ;
Livre caustique,
Nez sarcastique,
Et lunettes comme des tisons,
Deux yeux malins et polissons !
Il a, sur la philosophie,
Des aperçus pleins de génie ;
Ah ! quel maître ! Ah ! quel cerveau !
Si son physique est noble et beau,
Son esprit est vif et nouveau ;
Avec lui, les pensées
Devient si lumineux, si clair,
Qu'il enfonce le bec, Auer !
(On entend sonner la cloche à droite, de l'autre côté du mur.)
Voici l'heure de la promenade des élèves de Mr Badurel... qu'ils ne m'aperçoivent pas... Rentrons !... *(Elle rentre dans le pensionnat à gauche. La porte de communication, à droite, s'ouvre ; Christian et Tifrelin paraissent.)*

Scène 4ᵉ

Christian, Tifrelin, puis **Badurel**
Christian, *jetant en l'air un livre qu'il tient à la main.*

Ah! zut!... en voilà deux... je vais griller une cigarette...

Fiscelin
Passe m'en une... j'ai perdu ma pipe.

Christian *lui offrant une cigarette.* Tiens!

Badurel, *paraissant.*
Encore en train de fumer! au lieu de travailler—!

Christian
Flûte! j'en ai soupé de vos bouquins!

Badurel
T'en a soupé! Quel vocabulaire! (*ramassant le livre qui est resté par terre*) Voilà le cas qu'ils font de l'histoire naturelle! Petits malheureux!... mais vous serez toujours des ânes!... Vous n'arriverez jamais à passer votre bachot!... Voilà déjà cinq fois que vous êtes refusés... avec tout boules noires!

Fiscelin
Le beau malheur—!

Christian
et quoi ça sert-il d'être bachelier?

Badurel *indigné*
A quoi ça sert d'être bachelier—?... et qu'est-ce que diront vos parents, vos nobles parents, qui vous ont placés chez moi dans mon établissement, pour y recevoir un entrainement spécial, grâce au petit nombre d'élèves.

Fiscelin
Je crois bien il n'y a que nous deux!

Badurel
Vous n'avez pas honte, Monsieur Fiscelin, un grand garçon de votre âge, d'être arriéré comme vous l'êtes!

Fiscelin
Est-ce que papa est bachelier?... Ça ne l'a pas empêché de gagner de la galette à vendre du calicot, rue des Jeûneurs—pourquoi que je ne ferais pas comme lui?

Badurel *haussant les épaules.*
Mais vous au moins, Monsieur Christian, un prince héritier d'Illyrie... qui serez appelé un jour à gouverner un peuple...

Christian, *riant.*
Ah! oui... Parlons-en, une méchante principauté de deux âmes!... ce qu'ils se f...chent des diplômes là-bas!...

Fiscelin
Vous croyez que c'est folichon pour nous d'être enfermés ici, entre quatre murs... sans autre perspective que cette vieille baraque... (*il montre le pensionnat à gauche.*)

Badurel, *à part.*
Allons! bon... les y voilà encore!

Christian
Elle est lugubre... avec son grand mur et ses fenêtres fermées du haut en bas.

Badurel
C'est ce qui reste des bâtiments de l'ancien château dont dépendait ce parc et qu'on a morcelé pour construire des habitations modernes.

Christian
Ah!.. Qui est-ce qui peut bien loger là-dedans! vous n'avez jamais voulu nous le dire.

Fiscelin
C'est donc devenu une prison?

Badurel
Oui, justement... là... êtes-vous contents?

Christian
Une prison de femmes, alors!.. l'autre jour nous avons entendu à l'intérieur, comme des petits cris et des rires de jeunes filles.

Badurel, *agacé.*
Ça ne vous regarde pas... vous m'embêter à la fin. Des femmes, des femmes!.. ils n'ont que ce mot-là à la bouche! Est-ce que vous devriez avoir de ces idées-là à votre âge?

Christian, *riant.*
A notre âge!.. il y a déjà 18 ans que je devrais être marié.

Badurel
18 ans!.. et il en a vingt!...

Christian
Parfaitement... j'étais fiancé, à deux ans, avec la duchesse de Stalberg... une jeune personne charmante, âgée de 18 mois... malheureusement elle est devenue bossue à la suite d'une coqueluche... on a été obligé de l'enfermer dans une maison de santé.

Fiscelin
Tiens! c'est absolument comme ma cousine Fanny Grobichon; seulement, elle, c'est à la suite de la rougeole, il paraît

qu'elle était devenue affreuse, affreuse ! et idiote par-dessus le marché... sans cet accident, je serais probablement aujourd'hui son heureux époux.

Christian
Votre tempérament n'est pas fait pour le célibat.

Badurel
A-t-on jamais vu des petits excités pareils ! *(Ramassant à Christian le livre qu'il a ramassé.)* Tenez... voilà votre histoire naturelle... allez repasser votre leçon, ça vous fera mieux.

Christian, *fourrant le livre dans sa poche*
Plus souvent !... on est en récréation, c'est pour rigoler...

Badurel
Rigoler ! un prince !...

Christian
Nous allons faire une partie de saute-mouton... Viens-tu, Fifrelin !

Fifrelin
Oui... ça y est.

Christian
A toi... Coupe ta tête...

(Ils sortent tous les deux en jouant à saute-mouton, et ils disparaissent dans le parc.)

Scène 5ᵉ

Badurel, *seul.*
Oh ! oui, ils le sont excités, ces galopins-là ! on peut le dire !... *(souriant)* Eh ! bien leur ébullition n'est que de la guapotte à côté de la mienne... et pourquoi ?... à cause du voisinage de ce pensionnat... ou plutôt de la présence exceptionnelle qui le dirige !... Cette femme a une maturité savoureuse qui me fait venir l'eau à la bouche. Pourquoi lui ai-je proposé de louer ce parc à frais communs ? parce que j'y voyais une économie, sans doute... Mais aussi, mais surtout, parce que j'y voyais un moyen de me rapprocher d'elle... de voisiner à l'occasion. Jusqu'à présent, tout s'est borné entre nous à quelques menus flirtages... à quelques missives glissées furtivement dans le creux de ce marronnier... mais on a beau être un homme de science, un intellectuel... un cérébral... il arrive un moment où le creux des marronniers ne suffit plus...

Couplets

I.

Pour distraire ma rêverie,
Je me plonge dans mes bouquins ;
Je pioche les grecs, les latins,
L'Algèbre, la géométrie ;
Platon, Pascal et Vaugelas
Tout me paraît fade et m'assomme...
Pour occuper le cœur de l'homme
La science ne suffit pas !

II.

Souvent dans mes labeurs austères
Je m'endors sur quelque adjectif,
Et, dans un rêve suggestif,
Je vole explorer d'autres sphères ;
Mes doigts caressent des appas
Fermes et ronds comme une pomme...
Pour occuper la main de l'homme
La science ne suffit pas !

(Parlé) Aussi, j'ai brûlé mes vaisseaux... j'ai écrit ce matin à Emeraldine... *(avec ivresse)* elle s'appelle Emeraldine !... pour lui demander un rendez-vous... j'ai prétexté une affaire importante. Voyons s'il y a une réponse. *(Il va vers le gros arbre, monte sur le banc, fourre sa main entre les branches et tire le billet déposé par Emeraldine. Il pousse un cri de triomphe.)* Oui il y en a une !... *(Il va pour lire le billet, au même moment, Christian et Fifrelin qui reviennent, l'aperçoivent perché sur le banc.)*

Scène 6ᵉ

Badurel, Christian, Fifrelin.

Christian
Tiens ! m'sieu Badurel qui monte à l'arbre !

Badurel, *à part toujours sur le banc, et fourrant le billet dans sa poche.*
Sont-ils embêtants !

Fifrelin
Vous dénichez des nids, m'sieu ?

Badurel, *le contrefaisant*
Vous dénichez des nids, m'sieu !... *(à part)* Il est idiot, ce grand dadais-là ! *(descendant du banc.)* non... je suis en train de

chercher une matière, une jolie matière pour votre composition en vers latins.
Christian et Fiselin, *d'un air ennuyé*
Eh! quelle scie! encore des vers latins!
Badurel
Ne me troubler pas dans le feu de l'imagination... J'ai besoin d'être seul avec mes pensées... (à part) Que m'a-t-elle répondu! je grille de le savoir. (*Il sort vivement dans le fond pour aller lire le billet.*)

Scène 7ᵉ

Christian, Fiselin puis **Joseph**.
Christian
Tu as vu comme il a piqué un soleil.
Fiselin
Oui, on aurait dit une jeune langouste qui vient de faire son tub dans le court-bouillon.
Christian
C'est jamais les vers latins qui seraient capables de congestionner un homme à ce point là... qu'est-ce qu'il pouvait bien avoir à rôder comme ça par ici?
(*Tous les deux cherchent en tournant autour de l'arbre.*)
Fiselin, *ramassant par terre un mouchoir de femme et une boîte à poudre de riz.*
Oh! regarde donc... ce que je viens de trouver là derrière le marronnier.
Christian, *prenant le mouchoir*
Un mouchoir en dentelle!
Fiselin, *montrant la boîte.*
Une boîte à poudre de riz!... (*Il ouvre la boîte et se met de la poudre de riz sur la figure avec la houppe.*) Oh! ça sent-il bon!... de l'ygland-ygland!
Christian
Qui a pu laisser traîner ici de pareils objets?
Fiselin
Oh! il y a quelque chose là-dessous!...
Ensemble
Pour sûr il y a quelque chose!...

Couplets.

Couplets-Duetto.
I.
Christian
On a beau dire et beau faire,
Tout ça n'est pas naturel;
Ce bon Monsieur Badurel
Nous cache quelque mystère.
Fiselin
Il prend des airs ténébreux,
Il fait des yeux langoureux
Comme une carpe qui se pâme...
Ah! ah! ah!
Christian
Y a de la femme,
Y a de la femme
Par ici!
Oui,
Y a de la femme
Par ici!

II.
Fiselin, *montrant le pensionnat.*
Cette maison toujours close...
Ces grands murs silencieux...
Christian
Pour craindre les curieux,
Il faut bien sûr une cause.
Fiselin, *montrant la boîte à poudre de riz.*
Ce bibelot d'où vient-il?
Christian, *montrant le mouchoir*
D'où vient ce parfum subtil?
Fiselin, *avec affectation*
D'où vient le vague de mon âme?
Ah! ah! ah!
Christian
Y a de la femme,
Y a de la femme
Par ici.
Oui,
Y a de la femme
Par ici.
Reprise ensemble
Y a de la femme,
Y a de la femme
Par ici!
Oui,
Y a de la femme
Par ici!

(à ce moment, Joseph, le jardinier parait au fond en chantant, son râteau sur l'épaule.)

Scène 8e

Les mêmes, Joseph

Joseph, chantant
Arrose, arrose
Bon jardinier l'œillet et la rose...
etc.

Christian, l'appelant
Arrivez donc ici, père Joseph.

Joseph s'approchant
Voilà, mes enfants, qu'est-ce qu'il y a pour votre service ?

Christian, lui montrant le monsieur
Vous en faites pousser des drôles de légumes dans votre jardin !

Fistelin, lui montrant la boîte à poudre
A quelle classe ceux-ci appartiennent-ils ?... Aux ombellifères ou aux cucurbitacés ?

Joseph, riant
Ah! ah! ousque vous avez trouvé ça ?

Fistelin
Là, par terre... près du massif.

Joseph
C'est les jeunes voisines probablement qui auront laissé tomber ça de leur poche, pendant la récréation.

Christian
Les jeunes voisines ?

Joseph
Ah! bien oui, les élèves du pensionnat d'à côté... le pensionnat des petites brebis.

Fistelin
Les Petites Brebis ?

Joseph
Sans doute... c'est comme ça qu'on les appelle à cause du nom de la directrice... Mlle de la Bergerie... Comment, vous ne savez pas ?

Christian
Mais non... Contez-nous ça, père Joseph.

Fistelin
Oui, oui, contez-nous ça.

Joseph
Mais c'est connu comme le loup blanc... c'est une maison où qu'on a la spécialité de recevoir en pension des jeunes personnes riches, des orphelines, dont les parents ou les tuteurs ont intérêt à se débarrasser pour jouir paisiblement de leurs titres ou de leur fortune.

Christian
C'est de la canaillerie toute pure !

Joseph
La directrice de l'établissement une vieille fille, Mlle Émeraldine...

Fistelin
Émeraldine ! Ah ! tais-toi, mon cœur !..

Joseph, continuant
Mlle Émeraldine Mouton de la Bergerie s'engage, moyennant une forte somme, bien entendu, à les élever à la brochette, dans l'ignorance des choses de l'amour, pour ne pas éveiller leur petit cœur... et pour les empêcher de songer au mariage...

Christian
Et quel âge ont-elles, ces demoiselles ?

Joseph
Dans les quinze à dix-huit.

Fistelin
Oh ! les petites bibiches ! Doivent-elles être mignonnes !

Terzetto

Joseph
Ignorant tout, ne soupçonnant rien.
Elles n'ont jamais, depuis leur naissance,
Vu le bout du nez d'un chrétien....

Christian, riant
Quelle innocence !

Fistelin
D'innocence, oh ! combien !

Joseph
Pas une qui pourrait vous dire
En quoi le sexe féminin...
Diffère du sexe masculin....

Christian et Fistelin, se tordant
Ah! ah!
Y a d'quoi rire ! Y a d'quoi rire !

Joseph
V'la
Oui, voilà
C'que c'est qu'ce pensionnat-là !

Christian et Fistelin, riant
Oh ! la la ! Oh ! la la !

Ensemble

Ensemble

Joseph
Oui, voilà
C'que c'est que ce pen-
sionnat-là !

Christian, Fifelin
Oh ! la la !
L'drôle de pensionnat
que voilà !

Christian
Pour former leurs jeunes cervelles,
Dans quels livres s'instruisaient-elles !

Joseph
Dans de tout petits abrégés
Bien mitigés,
Bien expurgés...

Fifelin
Ô ténèbres des préjugés !

Joseph
On coupe ou rogne chaque page...

Christian et Fifelin
Tripotage !
Tripatouillage !

Joseph
Si par malheur dans un ouvrage
L'auteur a mis le mot : _Amour_
On le remplace par : _Tambour_

Fifelin, _imitant le tambour_
Brrrou !...

Joseph
Voilà

Oui, voilà
C'que c'est que ce pensionnat-là !

Christian et Fifelin, _riant._
Oh ! la la ! Oh ! la la !

Ensemble

Joseph
Oui, voilà
C'que c'est que ce pen-
sionnat-là

Christian et Fifelin
Oh ! la la !
L'drôl' de pensionnat
que voilà !

Christian
Voilà donc l'explication de ce fameux mystère !... Fifelin, il faut que nous trouvions
un moyen de niaiser ces innocentes.

Fifelin
J'en suis... pour ça, je ne suis pas arriéré.
(_Badurel reparaît au fond, lisant at-
tentivement le billet d'Émeraudine._)

Christian
Chut !... voilà M. Badurel !

Joseph
Surtout pas un mot de tout ce que je viens
de vous raconter là... Vous me feriez ficher
à la porte. (_Il va ratisser les allées._)

--- Scène 9e ---

Les Mêmes, Badurel

Badurel, _à part, tenant
à la main le billet._
À huit heures, ici, après la récréation du
soir... Femme exquise !... _Haut, s'adressant
aux jeunes gens._) Allons ! vous vous êtes assez
divertis comme ça... il faut rentrer en classe.
Venez faire votre composition de vers latins.

Christian
Alors, M. Badurel, vous avez donc fini par
mettre la main sur une jolie matière ?

Badurel, _souriant avec in-
tention._
Pas encore... mais je crois que ça ne tardera
pas... Allons, vite !

Petit Ensemble

Badurel
En classe ! en classe !
Vite qu'on pioche et qu'on potasse !
Que chacun de vous se surpasse !
En classe !

Fifelin
Le diable soit des vers latins... !
Il nous assomme avec sa classe !

Christian
Pour en arriver à nos fins,
Quel contretemps ! quelle disgrâce !

Badurel, _à part, volup-
tueusement._
Je plonge en des rêves badins...
Je songe à d'aimables larcins....
Ah !...
_les jeunes gens se rapprochent de lui et
le considèrent en riant pendant qu'il
se livre à ses rêvasseries. Reprenant vivement l'air sévère_
En classe, en classe !

Ensemble
En classe, en classe !
_Christian et Fifelin sortent par la
petite porte à droite, suivis par Badurel
qui, au moment de disparaître, et d'un
air joyeux, exquisse un pas de danseur._)

Badurel, _à part, pinçant
un entrechat_
Et flon, flon, flon !... et digue, digue don !...

(apercevant Joseph le jardinier qui le regarde
Badurel reprend vivement son air grave et
s'écrie encore une fois: En Classe! puis il dis
paraît à droite, à la suite des deux jeunes
gens

Joseph, *riant*
Avec des gaillards pareils, si jamais les
deux paroisses viennent à se rencontrer, quel
potin! mes enfants, quel potin!
(La porte à gauche s'ouvre et Esméraldine
paraît sur le seuil)

Scène 10e

Joseph, Esméraldine
Esméraldine
Joseph, il n'y a plus personne?
Joseph
Non mam'zelle... Mr Badurel vient de
rentrer avec ses jeunes gens.
Esméraldine
Bien... Allez-vous en aussi alors, père Joseph
Joseph
C'est que j'ai encore un petit coup de scion
à donner...
Esméraldine
Non, non... vous donnerez votre petit coup
de scion plus tard, mon ami... mes élèves ont
besoin de prendre l'air à leur tour, et vous
savez que je ne veux pas qu'elles vous voient.
Joseph, riant
À mon âge?
Esméraldine
L'âge n'y fait rien, c'est le sexe!... Allez!
Joseph
Comme vous voudrez mam'zelle....
(Esméraldine fait un signe à l'intérieur du
pensionnat; on entend sonner la cloche à
gauche. Joseph ramasse ses outils en riant
et en disant à part)
Allons filons! puisqu'il paraît que ma
vieille binette serait capable de les mettre
en tentation... (avec une fatuité comique) Hé!
hé! pourquoi pas, après tout!... en me faisant la barbe... (Il sort par la porte du fond
donnant sur l'extérieur. La porte du pensionnat s'ouvre; Esméraldine va fermer soi-
gneusement les verroux de la porte de communication avec l'Institution Badurel, ceux

de la porte donnant sur l'extérieur. Sortie des
pensionnaires en uniforme; en tête des rangs
marchent Alice et Fanny.)

Scène 11e

**Esméraldine, Alice, Fanny, Germaine,
Marcelle, autres jeunes pensionnaires.**
Chœur, Scène et ensemble
Décence!
Pudeur!
Innocence
Et candeur!
Notre petit cœur
Qui s'ignore,
Possède encore
La fraîcheur
De sa fleur...
Esméraldine, les prenant en rond
Livrez-vous à vos jeux, un peu de gymnastique!
L'exercice physique
Est prescrit
Pour le corps et l'esprit..
Pendant ce temps-là, sous l'ombrage,
Je vous suis d'un œil maternel...
(à part)
Je vais relire le message
De l'aimable Badurel
Reprise du chœur
Décence!
Pudeur!
Innocence
Et candeur!
etc...
(Esméraldine s'éloigne et disparaît au fond à
gauche, derrière les arbres. Les pensionnaires
rompent leurs rangs et courent vivement au
fond pour voir si Esméraldine est bien partie)
*Fanny, sur le devant de la
scène, les appelant)*
Attention! À vos rangs!
(Les pensionnaires reviennent et se mettent en
place pour faire des exercices gymnastiques)

Scène 12e

**Alice, Fanny, Germaine, Marcelle,
les Pensionnaires, puis Christian
et Fiscelin.**
Scène et Ensemble

Chœur
Faisons de la gymnastique
Hygiénique
Et méthodique ;
Assouplissons,
Raffermissons
Nos muscles tendres et mignons

Alice
Comme un jeune arbuste,
Redressons notre buste...
La tête haute, élevons les bras...
Une... deux... trois... quatre...

Toutes, exécutant les mouvements
Une... deux... trois... quatre...

Fanny
Dégageons la poitrine,
Cambrons la taille fine,
Plions les jarrets et marquons le pas...
Une... deux... trois... quatre...

Toutes, de même
Une... deux... trois... quatre...

Fanny, parlé
Par le flanc gauche et par file à droite... arche!
(Les pensionnaires marchent de droite à gauche en passant devant la scène, et en marquant le pas.)

Toutes, marquant le pas
Une... deux... trois... quatre...

Reprise de l'ensemble
Faisons de la gymnastique
Hygiénique
etc...
(Elles viennent se ranger en file, à gauche. Pendant ce mouvement, on voit une partie du feuillage au dessus du mur, à droite, s'entr'ouvrir avec précaution, et par l'ouverture on aperçoit les têtes de Fiselin et de Christian.)

Christian, bas à Fiselin
Oh! vois donc!... sont-elles gentilles!

Fiselin
Les superbes filles!

Fanny, (parlé)
Front!...
(Les pensionnaires se retournent et lui font face. Fanny leur indiquant un mouvement du bras droit en avant et en arrière.)
Une... deux... trois... quatre...

Toutes, exécutant le même mouvement.
Une... deux... trois... quatre...

Christian montrant Alice
La petite brune, là bas...

Fiselin, montrant Fanny
Et la grosse blonde!...

Christian
Quel bras!

Fiselin
Que de rondeurs et que d'appas!

Fanny, indiquant un autre mouvement, les deux bras levés en croix, et baissés ensuite le long du corps.
Une... deux... trois... quatre...

Les autres exécutent le même mouvement
Une... deux... trois... quatre...

Fanny (parlé)
Attention!... au pas gymnastique!... arche!...
(Les pensionnaires traversent de nouveau la scène de gauche à droite, en marquant le pas gymnastique, pour terminer en reprenant le Chœur et face au public.)

Ensemble
Reprise du Chœur

Les Pensionnaires	Christian à Fiselin (à part)
Faisons de la gymnastique	Bravo pour la gymnastique
Hygiénique	Hygiénique
Et méthodique ;	Et méthodique !
Assouplissons,	Examinons
Raffermissons	Lorgnons
Nos muscles tendres et mignons!	Ces petits corps délicats et mignons!

(Les jeunes filles s'arrêtent et cessent leurs exercices)

Alice
Ah! c'est trop fatigant! j'en ai assez!

Toutes
Moi, aussi!

Alice
Je suis toute en nage

Fanny
Voilà-t-il pas!... pour un méchant petit exercice!

Alice
Probablement que j'ai les membres les plus délicats

Germaine, riant
Pososez, va!... parcequ'elle s'appelle mademoiselle Alice de Stalberg!...

Christian

Christian, bas à Fifelin, en haut du mur.
Alice de Stalberg !... Ma fiancée !
Fanny
Moi, je ne la fais pas à la Duchesse — je m'appelle Fanny Grobichon, tout court.
Fifelin, bas à Christian
Ma cousine !
Fanny, montrant ses bras
Aussi, voyez ces muscles !
Alice
Les miens me suffisent... je les trouve assez développés — toujours faire de la gymnastique, ça finit par devenir monotone.
Marcelle
Le fait est qu'il doit y avoir au monde des exercices plus amusants.
Alice
Lesquels ? Je voudrais bien les connaître... je ne m'en amuserais peut-être pas tant !
Fanny
En attendant reposons-nous un peu
Toutes
Oui, c'est cela, reposons-nous.
(Elles s'asseyent, les unes sur le banc au pied de l'arbre, les autres par terre. D'autres jouent au volant dans le fond.)
Christian, bas à Fifelin.
Mais... elles ne sont pas bossues du tout !
Fifelin, bas à Christian.
En tous cas, leurs petites bosses ne sont pas déplaisantes à voir.
Christian, de même
Je m'explique tout... on les tient prisonnières ici.
Fifelin, de même
Pauvres innocentes !
Christian, de même
Oh ! une idée !... Attends un peu. (Il lance au milieu du cercle des jeunes filles, le livre dont il a été parlé à la scène 4 et referme l'ouverture du treillage. Ils disparaissent. Les jeunes filles surprises se lèvent vivement.)
Germaine
Qu'est-ce que c'est que ça ! Une châtaigne !
Fanny
Non ! c'est un livre ! il pleut des livres !
Alice, prenant le livre et l'ouvrant
Histoire naturelle — Chapitre 1er de l'homme

Toutes, se rapprochant
L'homme ! Qu'est-ce que c'est que ça !
(Eméraldine reparait au fond et voyant les pensionnaires groupées autour d'Alice elles court précipitamment vers elles et leur arrache le livre des mains.)

——— Scène 13e ———

Eméraldine, Alice, Fanny, Germaine, Marcelle, les Pensionnaires.
Eméraldine
Où avez-vous trouvé ce livre, Mesdemoiselles
Alice
Là par terre... il vient de tomber à l'instant du haut de ce marronnier...
Eméraldine, sévèrement
Je n'aime pas la plaisanterie, vous m'entendez Mlle Alice !
Alice
Mais, mademoiselle, je vous assure...
Eméraldine, feuilletant le volume
Une histoire naturelle ! et avec des gravures encore ! (Tournant une page et poussant un cri d'horreur.) Oh !... (Elle referme le volume précipitamment.) Vous avez regardé, mesdemoiselles ?
Alice
La première page, seulement...
Eméraldine, à part, poussant un soupir de soulagement.
Ah !.. Dieu soit loué !! j'ai eu une peur !
Germaine
Mais il y a un mot que nous n'avons pas bien compris.
Eméraldine, à part.
Heureusement !
Alice
Mademoiselle... Qu'est-ce que c'est donc ça, un homme ?
Toutes
Oui, Mademoiselles, qu'est-ce que c'est que ça !
Eméraldine, avec sévérité
Voulez-vous bien vous taire, petites malheureuses ! il ne faut jamais prononcer ce substantif... C'est un vilain mot.
Toutes
Ah !
Eméraldine

Éméraldine
Les hommes sont des espèces de démons très laids, très méchants...
Marcelle
Comment est-ce fait ?
Éméraldine, hésitant :
Mon Dieu... à peu près comme vous et moi, mais avec certaines choses en moins et certaines choses en plus...
Fanny
Des monstres, alors ?
Éméraldine
Oui... des monstres hideux et redoutables qui ne se nourrissent que de chair fraîche... de la chair des jeunes personnes principalement
Toutes, avec effroi
Oh !...
Éméraldine, tirant un livre de sa poche.
Voici, du reste, un petit volume... le catéchisme des grandes demoiselles... J'ai l'habitude, j'attends pour le mettre entre les mains de mes élèves, qu'elles aient vingt-cinq ans révolus. Mais puisqu'un hasard, que je déplore a éveillé prématurément votre curiosité... lisez... ce livre vous enseignera mieux que moi.
Scène, couplets, ensemble.
Alice, prenant le livre
Lisons...
Toutes, se rapprochant
Lisons
Alice, lisant
Sous un physique repoussant
Cachant des instincts bas et louches,
Ces animaux, aux traits farouches,
Ont le naturel malfaisant...
Éméraldine
C'est dégoûtant !
Alice, lisant
Une grosse voix... un air bête...
Et, phénomène monstrueux,
Sous le nez, ils ont des cheveux,
Et presque jamais sur la tête...
Éméraldine
La sale bête !
Toutes
La sale bête !
Alice, lisant
Méfiez-vous !
Prenez garde !
Le méchant homme vous regarde
Méfiez-vous
Les hommes, voyez-vous
Ce sont des tigres et des loups !
Méfiez-vous !
Hou ! hou !
Ensemble
Méfions-nous !...
Gare à nous !
(Alice passe le volume à Fanny)
Fanny, lisant à son tour
Cachés partout, dans tous les coins,
Dans l'ombre méditant leurs crimes,
Ils s'élancent sur leurs victimes
Alors qu'on y songe le moins...
Éméraldine
Affreux labonins !
Fanny, lisant
Rien n'excite leur convoitise
Comme un petit corps de satin,
Aussi, le soir et le matin,
Lorsque vous changez de chemise...
Éméraldine, vivement
Pas de bêtise !
Toutes
Pas de bêtise !
Fanny, lisant
Méfiez-vous !
Prenez garde !
Le méchant homme vous regarde !
Méfiez-vous !
Les hommes, voyez-vous
Ce sont des tigres et des loups !
Hou ! hou !
Ensemble
Méfions-nous !
Gare à nous !
Éméraldine, faisant la grosse voix.
Hou !...
(Les pensionnaires poussent un cri de frayeur et se sauvent vers le fond de la scène.
Éméraldine, les rassurant, en riant.
Là, là... Ne vous effrayez pas, mes enfants, vous êtes en sûreté ici, dans cette maison... Je veille sur vous et, en mon absence, vos anges gardiens sont là pour vous protéger.
Germaine
Nos anges gardiens ?
Fanny
Vous êtes sûr, Mademoiselle, qu'ils sont toujours là ?

Eméraldine
Toujours, mon enfant...
Alice
On ne les voit jamais ?
Eméraldine
Si... quelquefois... il y a des exemples... quand une jeune fille est bien sage, bien sage.
Fanny
Est-ce que c'est beau un ange gardien ?
Eméraldine
Superbe !... Ça a des petites ailes dans le dos... des couronnes de roses sur la tête...
Alice
Oh ! je voudrais bien voir le mien.
Marcelle
Moi aussi.
Toutes
Moi aussi.
Eméraldine
Pour cela, mesdemoiselles, il faut être bien sages... bien sages... *(regardant sa montre à part.)* Huit heures... Voici l'heure où j'ai donné rendez-vous à M. Badurel. *(Haut)* Allons Mesdemoiselles reprenez vos rangs... et surtout ne craignez pas d'insister sur la modestie...
Toutes
Oui, Mademoiselle !
Eméraldine
Et n'oubliez pas que les hommes sont des monstres...
(Les jeunes pensionnaires se remettent en rang)
Ensemble
Méfions-nous
etc...
(Les jeunes filles défilent et rentrent dans le pensionnat. Eméraldine reste seule en scène. Quand les pensionnaires ont toutes disparu, elle va tirer discrètement le verrou de la petite porte à droite. Badurel entre précipitamment.)

Scène IIIe

Eméraldine, Badurel.
Badurel
Enfin !... *(se précipitant avec exaltation vers Eméraldine)* Mademoiselle... ainsi que le Vésuve...
Eméraldine, *se reculant effrayée.*
Ah ! mon Dieu ! Qu'est-ce qu'il a ?
(Badurel s'arrête et retourne sur ses pas pour aller fermer le verrou de la porte.)
Badurel, *revenant*
Mademoiselle... ainsi que le Vésuve dont la lave bouillonnante...
Eméraldine
Est-il beau ! On dirait Mounet-Sully !
Badurel, *continuant*
... Déborde tout-à-coup et renverse tous les obstacles...
Eméraldine
De grâce, Monsieur, calmez-vous !
Badurel
Vous voulez calmer le Vésuve ?...
Eméraldine
Non... mais il y a temps pour tout... Le Vésuve serait déplacé en ce moment. D'ailleurs, ce n'est pas pour cela que vous m'avez demandé un rendez-vous... vous avez, paraît-il, à me parler d'une affaire importante...
Badurel
Oui, une affaire importante... et pressée.
Eméraldine
Une association peut-être ?
Badurel
C'est ça... une association... une association intime...
Eméraldine
Je ne dis pas non... l'idée vaut la peine d'être creusée...
Badurel
Creusons... creusons...
Eméraldine
Nous sommes tous les deux membres de l'Université...
Badurel
Enlaçons ces membres... Enlaçons-les...
Eméraldine
Nous aurons sans doute besoin de faire ensemble un petit acte...
Badurel, *de plus en plus allumé.*
Oui, oui... un petit acte... ou deux...
Eméraldine
Par devant témoins !
Badurel

Badurel
Non... par devant personne... un petit acte sous seings... sous seings privés. Il faut pour cela que nous causions à tête reposée...

Éméraldine
Mais où voulez-vous que je vous reçoive ?

Badurel
Cette nuit... chez vous... dans votre chambre...

Éméraldine
Y pensez-vous !... Jamais un homme n'a pénétré dans l'intérieur de ce pensionnat... et mes élèves ?...

Badurel
Nous attendrons qu'elles soient endormies.

Éméraldine
Si elles se réveillaient ?

Badurel
Y a pas de danger, à leur âge on a le sommeil dur... et puis, je ne ferai pas de bruit... A minuit, voulez-vous ?

Éméraldine
Tout ça, c'est bien irrégulier.

Badurel
Puisque c'est pour parler d'affaires...

Éméraldine, *minaudant*
Sans doute... c'est pour le bon motif, je le sais... Mais c'est égal, une demoiselle, recevoir dans sa chambre à minuit... un jeune homme... aussi bien de sa personne...

Badurel, *faisant la roue*
Oh ! vous exagérez...

Éméraldine
On pourrait faire des cancans... si on venait à savoir...

Badurel
Mais on ne le saura pas... voyons, je vous en supplie...

Éméraldine
Oh ! Mr Badurel, en vérité vous êtes d'un pressant...

Badurel
Je suis du Midi... (*reprenant lyriquement*) Ainsi que le Vésuve dont la lave bouillante...

Éméraldine, *se sauvant avec effroi et tournant autour de l'arbre, poursuivie par Badurel*
Oh ! non, assez... assez... c'est inutile... ne recommencez pas !

Badurel
Vous consentez alors ?

Éméraldine *souriant*
Est-ce qu'on peut résister au Vésuve ? (*Elle s'assied sur le banc.*)

Badurel, *s'asseyant à côté d'elle*
O joie immense !... Et comment ferais-je pour pénétrer dans le pensionnat ?

Éméraldine
Ne vous inquiétez pas... Quand mon petit monde sera couché, je descendrai ouvrir cette porte, vous n'aurez qu'à monter l'escalier en face de vous ; vous traverserez le dortoir installé dans l'ancienne bibliothèque du château... (*tirant de sa poche un papier*) Du reste, j'ai là sur moi un petit plan de la maison... ça vous permettra de vous guider... surtout baissez-vous bien, que personne ne puisse vous voir....

Badurel, *prenant le papier*
Soyez tranquille...

Éméraldine *se levant*
C'est bien pour vous faire plaisir, ce que je fais là, Mr Badurel.

Badurel *lui prenant la main*
Le plaisir sera partagé, je vous le promets.

Éméraldine
S'il survenait quelque empêchement, je vous préviendrais par un petit mot.

Badurel
Il n'y en aura pas.

Éméraldine
On ne sait jamais... Regardez toujours auparavant dans le creux du marronnier.

Badurel
Bien... bien... C'est entendu... à minuit !

Éméraldine
A minuit !
(*A ce moment Christian et Fifelin reparaissent au dessus du mur et commencent à l'enjamber avec précaution. La nuit tombe peu à peu.*)

Scène 15.
Les Mêmes, Christian, Fifelin

Finale
Ensemble

Ensemble

Badurel
À minuit ! à minuit !
Je me faufilerai sans bruit !
À minuit ! à minuit !

Esméraldine
À minuit ! à minuit !
Vous vous faufilerez sans bruit !
À minuit ! à minuit !

(Christian et Fifrelin descendent dans le jardin)

Christian et Fifrelin, à part
Il fait nuit !.. il fait nuit...
Vite, faufilons-nous sans bruit !
Il fait nuit !.. il fait nuit !..
Dans leur tendre rendez-vous
Ils ne songent pas à nous ;
Vite, faufilons-nous sans bruit...
Il fait nuit... il fait nuit...

Esméraldine
Je serai là, fidèle au pacte...

Badurel
Sur moi, comptez à l'heure exacte...

Esméraldine
Mais ne soyez pas en défaut
N'oubliez rien pour dresser l'acte...

Badurel
J'aurai sur moi tout ce qu'il faut.

Reprise de l'ensemble

Badurel
À minuit, à minuit !
etc...

Esméraldine
À minuit ! à minuit !
etc...

Christian et Fifrelin
Il fait nuit ! Il fait nuit !
etc...

(Badurel et Esméraldine se séparent. Esméraldine entre à gauche dans le pensionnat. Badurel sort à droite. Christian et Fifrelin descendent vivement en scène.)

Scène 16e

Christian, Fifrelin

Christian, riant
Eh ! bien ! dis donc...

Fifrelin, de même
Crois-tu qu'elle est bien bonne !

Christian
Ce grave Badurel !..

Fifrelin
Cette chaste matrone !

Christian
Et pendant ce temps-là, ça n'aurait pas de nom !
Nous laisserions avec indifférence

Languir dans leur sotte ignorance
Les petites brebis !.. Non !..

Ensemble
Non !...

Christian, montrant le pensionnat
J'ai là ma fiancée...

Fifrelin
Une autre est ma cousine...

Christian
Puisqu'on s'obstine
À les y claquemurer,
C'est à nous de les délivrer !

Fifrelin
Oui... nous saurons les délivrer !

Christian
Fifrelin !.. l'honneur nous réclame...
Y a d'la femme !
Y a d'la femme
Par ici,
Oui !
Y a d'la femme
Par ici !

(Ils s'éloignent au fond dans le parc.)

Le Rideau baisse

———

Acte 2ᵉ

Le dortoir du pensionnat : Les petits lits alignés à droite et à gauche, obliquement avec leurs rideaux de mousseline pompadour, fermant alcôve. Les rideaux sont relevés du côté du public et laissent voir la tête de chaque lit. Au fond, une grande fenêtre ouvrant sur un balcon praticable. Portes à droite et à gauche, premier plan. Deux autres portes au fond, à droite et à gauche. Une veilleuse suspendue au milieu du plafond.

Au lever du rideau, la scène est vide et éclairée seulement par la lueur de la veilleuse. Moment de silence. Bientôt, on aperçoit à la fenêtre un carreau qui se détache, une main passe au travers de l'ouverture, et tourne l'espagnolette à l'intérieur. La fenêtre s'ouvre et Badurel pénètre mystérieusement dans le dortoir. Il a une lanterne sourde à la main. Il regarde autour de lui et s'avance avec précaution.

Scène 1ʳᵉ
Badurel, seul.

Ainsi que le Vésuve, dont la lave bouillonnante renverse tous les obstacles !... (Changeant de ton) Eh! bien non... Une femme n'a pas le droit d'amener un jeune homme jusqu'à la température de l'ébullition et de mettre ensuite le couvercle sur la marmite en disant : "tu n'iras pas plus loin." Demandez à Denis Papin ce qu'il arrive dans ce cas là... Denis Papin vous répondra : " la marmite fait explosion..." Eméraldine m'avait dit : " C'est-à-minuit, je vous ouvrirai la porte." Je n'admets pas qu'elle m'écrive une heure après : j'ai changé d'avis, je ne veux plus, j'ai des scrupules... Trop tard, les scrupules !... Une fois lancé, je ne m'arrête plus, je suis comme la marmite, je fais explosion.... Eh! tu ne veux pas m'ouvrir la porte ! Eh bien, j'entre par la fenêtre.... Après avoir absorbé deux petits verres de Kummel, pour me donner de l'audace, j'ai escaladé ce balcon... trois mètres à peine, avec un treillage... une misère !... Et me voici dans la place. Voyons donc mon petit croquis... (Il tire de sa poche le plan que lui a donné Eméraldine au premier acte) Vilà bien la disposition des lieux... Ici le dortoir... installé dans l'ancienne bibliothèque du château... C'est bien cela... C'est là que tout à l'heure reposera l'innocence... (regardant à droite) Ici, sans doute, la porte donnant sur l'escalier ... (Il va ouvrir la porte et regarde.) Effectivement... (regardant du côté opposé) Alors, là-bas... sa chambre... sa petite chambrette !... (Il se dirige vers la porte à gauche.) Si je pénétrais... (Il regarde par le trou de la serrure.) Oh! elle est là... Elle n'est pas seule. (se relève.) Impossible de me montrer.... D'ailleurs, il est encore trop tôt !... Il faut attendre que toute la maison soit endormie. Provisoirement, je n'ai qu'une chose à faire : descendre l'escalier, ouvrir à l'intérieur la porte qui communique avec le parc, et à minuit tapant, je reviens... je monte... tout doucement... je traverse le dortoir en me baissant... comme ça. (Il fait le geste de se baisser.) Non... ça n'est pas assez... ces petites gamines pourraient m'apercevoir... je marcherai à quatre pattes... ça vaudra mieux... comme ceci... (Il pose sa lanterne par terre et marche à 4 pattes. On entend la voix d'Eméraldine dans la coulisse à gauche, disant : Venez mademoiselle !... Badurel se relève vivement.) La voici... Filons !... (Il ramasse sa lanterne et sort par la porte du 1ᵉʳ plan à droite. Eméraldine entre à gauche, suivie d'Alice. Elle tient un livre de comptes à la main. Alice porte une lampe qu'elle va poser sur une console. La scène s'éclaire.)

Scène 2ᵉ
Eméraldine, Alice

Eméraldine, tendant son livre de comptes à Alice) Tenez, Mlle Alice, voici le livre de la blanchisseuse... puisque c'est vous qui

avez le privilège, cette semaine, en raison
de votre bonne conduite, de surveiller la
lingerie...

Alice, *rechignant*

Oh ! je céderais bien le privilège à une autre.

Émeraldine

Du tout — je tiens à ce que chacune de mes
élèves s'occupe à tour de rôle des soins inté-
rieurs de la maison... C'est le complément
nécessaire de l'éducation d'une jeune fille...
(*à part*) Et puis, ça économise du personnel.

Alice, *prenant le livre de comptes*

Jolie distraction !

Émeraldine

Vous direz à la blanchisseuse que je lui retien-
drai sur sa note, les deux chemises brodées et le
pantalon à entre-deux de dentelles qu'elle m'a
perdus... Ça lui apprendra à avoir plus de soin
une autre fois.

Alice

Bien, Mademoiselle.

Émeraldine, *faisant l'ins-
pection des lits*

Voyons... tout est en ordre dans le dortoir !
(*s'arrêtant au premier lit à droite*) Pourquoi
deux oreillers à Mlle Fanny ?

Alice

Probablement parce qu'elle aime à avoir la
tête haute.

Émeraldine

Ce n'est pas une raison... Mlle Fanny est
une pensionnaire de seconde classe... elle ne
paie que 500 francs par mois... elle n'a droit
qu'à un oreiller...

Alice

Un de plus ou de moins, qu'est-ce que ça fait !

Émeraldine

Du tout, du tout... pas de mauvais précédents.
C'est comme en chemin de fer. Si les voyageurs
étaient trop bien en seconde classe, ils ne
prendraient jamais de premières. (*prenant
l'oreiller et le mettant sous son bras.*) Je
vais remettre cet oreiller-là dans l'armoire.
Vous, mademoiselle, rejoignez vos compagnes
et dites-leur de se préparer à monter au
dortoir ; j'irai vous chercher dans un instant.

Alice

Bien mademoiselle.

Émeraldine, *à part*

Qu'elle scie ! être obligée de s'occuper de
détails aussi popote, quand on a l'âme
pleine de vibrations !... Hélas !... un pied sur
la terre et l'autre dans les étoiles ! (*Elle
sort par la petite porte au fond à gauche.*)

Scène 3^e

Alice

Qu'elles drôles d'idées !... En voilà des écono-
mies !... Moi, ça m'est bien égal de n'avoir
qu'un oreiller... Ce n'est pas cela qui m'em-
pêchera de dormir... On est si bien dans son
petit lit !

Couplets

I

Le soir lorsque je me retrouve
Seule, à l'ombre de ce rideau,
Quel plaisir inouï j'éprouve
A me fourrer dans mon dodo !
Comme une chatte, avec délice,
Entre les draps, sous le tiède édredon,
Douillettement, gentiment, je me glisse
Brr !
(*Petit frisson de plaisir*)
Dieu ! qu'c'est bon !

II

Parfois, tandis que je repose,
Mon cœur se met à palpiter
Et quelque joli songe rose
Vient, en dormant, me visiter ;
Il me caresse, il me cajole,
Et sur son aile, à travers l'horizon,
Au paradis doucement je m'envole,
Brr !...
(*Petit frisson de plaisir*)
Dieu ! qu'c'est bon !

Vite allons retrouver ces demoiselles !... (*Elle
sort à son tour par la porte du fond à droite. Dès qu'elle a disparu, on voit entrer
par la porte du 1er plan, à droite, Christian
et Fifrelin.*)

Scène 4^e

Christian, Fifrelin.

Christian, *entrant avec
précaution*

Où sommes-nous ici ?... Tiens c'est le dortoir !

Fifrelin, *faisant le geste de se retirer.*
Un dortoir de demoiselles !... Oh ! allons-nous en.

Christian
Pourquoi ? Ça te fait peur ?

Fifrelin
Non, au contraire... Seulement ça froisse ma pudeur naturelle.

Christian
As-tu fini ?

Fifrelin
Alors, tu ne trouves pas que c'est un peu léger, ce que nous faisons là ?

Christian
Léger !... Eh ! bien, et notre mission ?... Est-ce que nous n'avons pas une mission à remplir !

Fifrelin
C'est juste.

Christian
Eh! bien, alors ! pour ça il faut que nous trouvions nos jeunes personnes seules.... sans leur maîtresse... Nous n'avons pas le choix du local... Nous avons trouvé la porte d'en bas ouverte, nous avons pris le premier escalier en face de nous...

Fifrelin, *regardant les lits.*
Oh ! que c'est drôle !... On dirait des petites chapelles.

Christian
Ce sont leurs lits, leurs jolis petits lits....
(examinant le premier lit à gauche.)
Un A avec une couronne... sans doute le lit d'Alice...

Fifrelin, *de même, à droite.*
Une F... Fanny, probablement... C'est là-dessus qu'elle fait dodo.

(On entend sonner la cloche au dehors.)

Christian
Attention... on vient...

Fifrelin
Oye ! oye ! oye ! pas de bêtises !... Cachons nous.
(Ils se réfugient tous les deux sur le balcon en dehors et referment la fenêtre sur eux. Toutes les pensionnaires vêtues de grands peignoirs blancs, entrent par le fond à droite en bavardant et se dirigent vers leurs lits.

———

Scène 5ᵉ

Alice, Fanny, Germaine, Marcelle, pensionnaires, puis **Esméraldine.**

Esméraldine, *entrant par le fond à gauche.*
Eh ! bien, mesdemoiselles... avant de vous coucher n'oubliez pas votre prière du soir à vos anges gardiens.

Toutes
Oui, mademoiselle !

(Les pensionnaires reviennent se grouper au milieu de la scène.)

Scène et ensemble

Alice et Fanny
Bons anges, nos gardiens fidèles,
Sur nous étendez vos ailes;
Doucement soulevant les plis
Des rideaux de nos petits lits;
Apportez-nous des songes agréables
Par des visions aimables
Venez bercer notre sommeil
Jusqu'au réveil.

Toutes les pensionnaires
Nos anges, nos gardiens fidèles,
Sur nous étendez vos ailes
Vos blanches ailes

(Les pensionnaires se séparent et regagnent leurs lits; Alice, 1ᵉʳ lit à gauche, Fanny, 1ᵉʳ lit à droite.)

Esméraldine
Que personne ne babille !
A l'instant,
Vivement,
Que chacune se déshabille
Silencieusement;
Et modestement !

Les pensionnaires, *près de leurs lits*
Déshabillons-nous,
Dans des draps bien blancs, dans un lit bien doux
Nous allons dormir...
Vite déshabillons-nous !

(La musique continue à l'orchestre. Les pensionnaires se mettent à se déshabiller, elles ôtent leur peignoir et paraissent en petit costume de dessous; puis, avant d'aller plus loin, elles tirent leurs rideaux et achèvent de se déshabiller hors de la vue du public.)

Esméraldine, *à part*
Sont-elles heureuses ces jeunes filles !

leur cœur ignore les pia tements de l'amour... Elles vont dormir comme des petits loirs... Moi, c'est réglé, je ne fermerai pas l'œil de la nuit... Ah! comme j'ai bien fait de contremander M. Bedurel... Je le sens à mon état d'âme, s'il y avait eu ce soir un assaut à soutenir, la défense aurait été molle... (Élevant la voix) Vous êtes couchées Mesdemoiselles ?
        Toutes les pensionnaires, derrière leurs rideaux.
Oui, Mademoiselle.
                Émeraldine
Bien... Encore une toute petite prière à vos anges gardiens, et ensuite, que tout le monde dorme...
                Toutes
Oui, mademoiselle.
            Reprise du chœur, derrière les rideaux.
    Bons anges, nos gardiens fidèles.
    Sur nous étendez vos ailes
    Vos blanches ailes.
(Le chœur s'achève pianissimo. Les jeunes filles s'endorment.)
            Émeraldine, soupirant.
Enfin !... Allons essayer de goûter un peu de repos si c'est possible. (Elle prend la lampe et entre dans sa chambre à gauche. La pièce retombe dans la demi-obscurité, éclairée seulement par la lueur de la veilleuse.) Christian et Fifrelin reparaissent.)

Scène 6e.

Christian, Fifrelin, les pensionnaires, endormies.
            Christian, s'écriant.
Elles dorment !
            Fifrelin, prêtant l'oreille.
Écoute donc.
            Christian, de même.
C'est leur souffle... le petit souffle de leurs jeunes poitrines.
            Fifrelin, flairant avec volupté.
Hon !... ça sent bon !... ça sent le benjoin... ça sent le paradis terrestre....
(On entend ronfler Fanny dans son lit.)
            Fifrelin
Oh! de la musique à présent !
            Christian, riant.
On dirait une toupie d'Allemagne
            Fifrelin
Je suis sûr que c'est Fanny... Elle vous a un nez en trompette...
            Christian
Prends garde. Ne fais pas de bruit.
            Fifrelin.
Je n'ai jamais vu de demoiselles dormir
            Christian
Est-il bête !... Comment veux-tu que ça dorme ?... Ça dort comme tout le monde. Ça dort comme nous.
            Fifrelin
Tu crois ? Moi, je dors en chien de fusil, pour me tenir chaud.
            Christian, allant soulever le rideau du lit d'Alice.
Regarde !
(Fifrelin va également soulever le rideau du lit de Fanny. On aperçoit les deux jeunes filles endormies, les bras en guirlande au-dessus de leur tête.
            Ensemble
    O le ravissant tableau !
    La délicieuse pose !
    Voyez, encadré par ce blanc rideau
    Sous ces bras mignons, leur petit museau
    Tout rose !
    O le ravissant tableau !
(Les jeunes filles s'agitent et se retournent dans leurs lits; les jeunes gens laissent retomber vivement les rideaux.)
            Christian
Chut ! les voilà qui se réveillent.
            Alice, dans son lit appelant à demi-voix.
Germaine !
            Germaine, répondant de même.
Hein ?
            Alice, de même
Fanny ?
            Fanny, de même
Qu'est ce qu'il y a ?
            Alice, de même
Avez-vous entendu ?
            Toutes, à demi-voix
Oui.
            Marcelle
Quoi donc ?
            Alice
On dirait qu'on a marché.
            Fanny

Fanny
C'est rien... c'est des souris

Fifrelin, à part
Drôles de souris !... Nous pouvons bien passer pour des rats.

Alice
Je ne sais pas ce que j'ai, je ne peux pas dormir.

Fanny
Moi non plus... je me tourne, je me retourne dans mon lit.

Alice
C'est le printemps.

Fanny
Faut se coucher sur le dos... la bouche ouverte.

Christian, à part, riant
Ah ! Très bien ! je comprends... voilà le secret de la toupie d'Allemagne.
(*La porte de droite s'ouvre doucement. Badurel paraît.*)

Fifrelin
Quelqu'un.

Christian
Encore ! (*se penchant de loin pour regarder*) C'est Mr. Badurel... Il vient à son rendez-vous... laissons-le passer...
(*Ils se retirent sur le bord du balcon. Badurel entre, marchant à quatre pattes, embarrassé par sa lanterne et par ses souliers qu'il a ôté.*)

Scène 7ᵉ

Les Mêmes. Badurel, puis Éméraldine.

Badurel, entrant
Ainsi que le Vicaire... (*changeant de ton*) C'est très fatigant... j'ai ôté mes souliers pour ne pas faire de bruit.

Éméraldine, sortant de sa chambre.
C'est singulier... Il me semble avoir entendu (*flairant*) on dirait que ça sent l'anisette

Badurel, à part
C'est le Kummel... pour me donner de l'audace...

Éméraldine, apercevant Badurel à 4 pattes
Ah ! mon Dieu ! qu'est-ce que c'est que ça.

Badurel, se relevant sur les talons.
Ne dites rien, c'est moi

Éméraldine
Vous ici ! sortez monsieur

Badurel
Redescendre ! ah ! non, par exemple ! j'ai eu assez de peine à monter l'escalier

Éméraldine
Ah ! ça comment êtes-vous entré ! La porte était fermée au verrou.

Badurel
C'est Cupidon... le petit Cupidon qui me l'a ouverte.

Éméraldine, accablée
Malheureux ! qu'avez-vous fait là ?
(*Toutes les jeunes filles passent leur tête curieusement hors de leurs rideaux.*)

Alice, à demi-voix
Oh ! Mademoiselle !...

Fanny, de même
Avec un chien !... Non, ce n'est pas un chien... ça n'a pas de pattes

Badurel, élevant sa lanterne au dessus de sa tête
Éméraldine... prenez pitié de ma flamme.

Marcelle
Il a une étoile sur la tête

Alice
Ça doit être l'ange gardien de mademoiselle

Fanny
Dieu qu'il est laid !... Il est tout petit

Badurel
Je vous en prie, ne me laissez pas dans cette position là... si vous saviez comme c'est éreintant....

Éméraldine, se redressant
Qu'espérez-vous donc... Monsieur ?

Badurel
Je vais vous le dire, là... dans votre chambre

Éméraldine
Dans ma chambre ! Jamais !

Badurel, se mettant à genoux
Éméraldine, je vous en supplie

Éméraldine, effrayée
Relevez-vous... si on vous surprenait...
(*Badurel se relève*)

Alice
Oh ! comme il s'allonge !...

Fanny
C'est un ange gardien à revoir.
Eméraldine, *prêtant l'oreille*
Mon Dieu !... pourvu que ces enfants...
(*Les pensionnaires laissent vivement retomber leurs rideaux. Eméraldine va aux lits et regarde si les pensionnaires sont bien endormies*)
Badurel, *sur le devant de la scène, faisant des poses avec sa lanterne et ses souliers*
L'amour et son flambeau !... sujet de pendule !
Eméraldine, *revenant*
Non... Elles dorment à poings fermés... j'ai eu une peur...
Badurel
Voyons, mon petit mouton frisé, puisque j'y suis maintenant, je vous assure que ce que j'ai à vous dire est extrêmement urgent.
Eméraldine
Allons ! entrez, Monsieur... Mais vous allez repartir tout de suite !
Badurel
Ça ne sera pas long — je vous le promets...
Eméraldine
Mais laissez-vous donc !...
Badurel, *se remettant à 4 pattes*
Ainsi que le Vésuve....
Eméraldine
Mon Dieu ! qu'elle aventure !
(*Ils sortent tous deux à gauche.*)

───── Scène 8ᵉ ─────

Christian - Ficelin, Les pensionnaires.

Christian, *reparaissant*
Ils sont partis... Nous voilà tranquilles pour un bon moment. À nous maintenant.
Ficelin, *de même*
Prends garde ! Si nous nous montrons comme ça, tout à coup, nous allons leur faire peur.
Christian,
Préparons-les doucement.... poétiquement (*la lune se lève et éclaire le dortoir*) voici justement le clair de lune qui nous favorise. Laisse-moi faire....
Ficelin
Vas-y !
Christian, *imitant le chant d'un oiseau*
Pii... Pii... Pii...
(*Les pensionnaires passent de nouveau leur tête entre leurs rideaux.*)
Alice
Entendez-vous le rossignol qui chante ?
Fanny
Pauvre petite bête !... Il est comme nous.... C'est le printemps qui l'empêche de dormir....
Christian
Pii ! Pii ! Pii !...
(*Les pensionnaires se penchent et aperçoivent Christian et Ficelin.*)
Alice
Regardez donc.... le voilà !
Fanny
Ils sont deux
Christian, *bas à Ficelin*
Elles nous ont vu
Alice
Ce ne sont pas des rossignols... Ils sont faits comme l'ange gardien de Mademoiselle
Germaine
Oh ! beaucoup mieux !
Alice
Ce sont nos anges gardiens, à nous !
Christian, *bas à Ficelin*
Elles nous prennent pour leurs anges gardiens... Bravo ! attends un peu !
Ficelin
Qu'est-ce que tu vas faire ?
Christian
Tu vas voir...
(*Ils se retirent sur le balcon*)
(*Ensemble*)
Les Pensionnaires
Oui, ce sont nos anges gardiens !
Dans leurs vols aériens,
Pendant que nous dormons, avec leur doux sourire,
Sur nous, ils viennent veiller.
Ayons l'air de sommeiller,
Voyons ce qu'ils vont nous dire !
(*Elles laissent retomber leurs rideaux.
Christian et Ficelin qui se sont affublés*

(...de couronnes de roses et de guirlandes de fait
lin, e accrochés aux plantes grimpantes de
la fenêtre, descendent en scène et s'approchent
des lits.)

Christian, bas à Fifrelin.
Regarde-moi ça... Crois-tu que j'ai l'air
d'un ange !

Fifrelin
Et moi ! je me suis fourré du jasmin. C'est
plus virginal....

Christian
Doucement.

Fifrelin
Allons-y, puisque ça mord.

Christian
Attention aux ailes...

(Ensemble)

Jeunes pensionnaires
(imitant le bruit des ailes)
Frout ! frout !...
Dans nuits solitaires
(imitant le bruit des ailes) Frout ! Frout !...
Nous venons aujourd'hui
Charmer l'ennui
Par des danses légères,
Par des chansons aussi !

(Les jeunes filles en longues chemises de
nuit, sortent lentement de leurs alcôves
et tenant leurs rideaux ne se montrent
pas encore aux jeunes gens.)

Toutes
Qu'ils sont gentils !
Qu'ils sont jolis !

(Fifrelin fait des poses comiques en
dansant.)

Fifrelin, cessant de danser
A toi, maintenant que j'ai fait le serin,
à toi de faire le canari... Chante! chante !

Christian
Le gai printemps s'éveille,
Les muguets vont fleurir ;
Belles à la lèvre vermeille !
Allons ! vite, aussi qu'on s'éveille !
Il n'est plus l'heure de dormir —!

Les Pensionnaires, se montrant
Nous voici... De nos asiles
Curieuses et dociles.
A votre voix nous accourons ;
Pour vous plaire.
Que faut-il faire ?

Christian
Petites innocentes !
Elles sont ravissantes !

Les Pensionnaires
Parlez, beaux anges, nous vous écoutons.

Ensemble
Le gai printemps s'éveille,
etc...

Christian
Approchez, mes mignonnes ; nous sommes ici, près de vous, pour remplir une
mission.

Fifrelin
Une agréable mission.

Alice
Oh ! que vous êtes bons de venir de si loin...

Fifrelin
Si loin ! Nous logeons là, à deux pas.

Fanny
Vous ne descendez donc pas du ciel !

Christian, vivement
Mais si... mais si...

Fifrelin
Seulement, qu'est-ce que c'est que ça pour
nous ! un méchant coup d'aile de plus
ou de moins.

Christian
Voyons mes petites amies, répondez-nous
d'abord franchement. Êtes-vous heureuses dans cette maison ?

Alice
Nous n'en connaissons pas d'autre.

Fifrelin
Ça c'est une raison.

Christian
Quelles sont vos distractions habituelles

Alice
Nous causons...

Marcelle

Marcelle
Nous jouons du piano... de la mandoline...
Germaine
Nous faisons de la gymnastique...
Fanny
Et le dimanche, nous avons de la crème au chocolat avec de la brioche.
Fifrelin, *à part*
Elle est un peu sur sa bouche... C'est comme moi.
Christian
Et... Il ne vous est jamais arrivé de désirer vaguement autre chose... ?
Toutes
Oh ! si, bon ange !
Fanny
Particulièrement dans cette saison, vers le mois d'Avril.
Christian
Qu'éprouvez-vous alors ?
Alice
Un je ne sais quoi d'étrange... que nous ne saurions définir.
Germaine
Nous sommes agitées.
Marcelle
Nous ne dormons pas la nuit.
Fanny
Il semble qu'il nous manque quelque chose.
Christian
Eh ! bien, ce qui vous manque, nous le savons, et nous venons vous le dire.
Toutes *s'approchant et les entourant*
Oh ! parlez ! parlez !
Fifrelin, *à part, avec des mines de jubilation*
Je ne m'embête pas ici, moi.
Christian
On vous trompe, Mesdemoiselles.
Toutes
Ah !
Christian
Tout ce qu'on vous dit, tout ce qu'on vous enseigne est faux ; et c'est pour vous apprendre la vérité que nous nous sommes introduits ici sous ce déguisement.
Alice
Un déguisement ?
Fanny
Comment, vous n'êtes donc pas des anges !
Christian, *jetant la couronne et les feuillages dont il est affublé*
Des anges ! Nous ! jamais de la vie !
Fifrelin, *de même agitant comiquement les bras*
Voyez nos ailes.
Alice
Ah ! mon Dieu ! Mais qui êtes-vous donc ?
Christian
Tout bonnement des hommes !
Toutes, *poussant un cri*
Ah ! (*Elles se sauvent dans leurs alcôves*)
Christian
Voyons mes mignonnes...
Fifrelin
Là... C'est de la faute aussi... si tu leur as dit : de jolis petits jeunes hommes...
Toutes, *derrière leurs rideaux*
Grâce, ayez pitié de nous... je vous en prie... Ne nous faites pas de mal.
Christian *allant doucement vers elles*
Venez donc, n'ayez pas peur... voyez... Nous ne sommes pas méchants...
(*Elles reparaissent, enveloppées de leurs peignoirs*)
Alice, *timidement regardant à travers ses doigts*
Vous n'êtes donc pas des monstres... des monstres affreux ?
Fifrelin, *indigné, se tournant*
Oh ! si c'est permis !... mais regardez-nous donc !
Fanny, *regardant*
C'est que c'est vrai !... Ils sont très gentils.
(*Toutes regardent et se rapprochent peu à peu*)
Toutes
Très gentils !
Alice
Mais alors, pourquoi notre maîtresse nous disait-elle !...
Christian

Christian
Pour obéir aux ordres de vos familles...
Toutes, ou vous tient enfermées ici pour
des motifs secrets, des motifs d'intérêts...
    Toutes, *stupéfaites*
Ah!...
    Christian
Vous, Mademoiselle Alice de Stolberg,
pour permettre à un oncle peu scrupu-
leux de gouverner votre duché à votre
place.
    Fifrelin à Fanny
Vous, Mademoiselle Fanny Grobichon,
pour permettre à votre pas grand'chose
de tuteur de jouir tranquillement de
votre fortune.
    Toutes
Et nous ?
    Christian
Quelque chose d'analogue, bien pro-
bablement.
    Toutes
Mais c'est indigne !.. c'est abominable !
    Christian
Aussi nous avons juré de vous délivrer...
Le voulez-vous ?
    Toutes
Oui ! oui !..
    Christian
Vous sortirez de cette maison, vous
connaîtrez le monde, ses plaisirs...
    Toutes
Oui !...oui !..
    Fifrelin
Vous irez en tramway et en bicyclette
    Christian
Votre petit cœur pourra parler... vous
saurez enfin ce que c'est que l'amour
    Toutes
L'amour ?
    Christian
Oui, c'est à dire ce qu'il y a de plus
charmant, de plus délicieux sur la
terre....
    Ronde

Ronde
1
Qui fit vos grâces qu'on admire ?
Qui vous donna votre beauté ?
Ces grands yeux noirs pleins de clarté
Ces lèvres au malin sourire ?
C'est l'amour, c'est l'amour
Qui mène
L'espèce humaine !
Il faut y passer chacun à son tour :
Vive l'amour !
2
    Fifrelin, *faisant le beau*.
A vous les grâces virginales !
Mais à nous, superbes vainqueurs,
Qui donna, pour dompter vos cœurs
Ce torse aux formes sculpturales ?
    Les pensionnaires
C'est l'amour, c'est l'amour...
    Reprise ensemble
C'est l'amour, c'est l'amour,
    etc..
*Sur la reprise du refrain en chœur, toutes
les pensionnaires se donnent la main et se
mettent à danser en rond autour de Christian et
de Fifrelin, qui prennent des poses au milieu d'elles. On entend un bruit de meubles
renversés dans la coulisse gauche.)*
    Alice
Mademoiselle ! Gare !
    Christian
Chut ! Allez-vous en !
*(Toutes les pensionnaires reprennent à
mi-voix le refrain, et regagnent leurs lits.
Christian et Fifrelin se réfugient sur
le balcon et referment la fenêtre. Le
clair de lune disparaît et la scène
reste plongée dans l'obscurité. On voit la
porte à gauche s'ouvrir avec précaution. Badurel et Esméraldine entrent.*

Scène 9ᵉ

Esméraldine, Badurel, les Pensionnaires cachées.

                    Eméraldine, à voix basse
Vous êtes un maladroit... allez-vous en
                    Badurel
Voyons, Eméraldine, donnez-moi au
moins ma lanterne.
                    Eméraldine
Non, non, ça pourrait éveiller l'attention.
                    Badurel
Mais je vais me casser quelque chose
                    Eméraldine
Ça ne fait rien, à présent, pourvu que
vous sortiez de la maison... Allons
baissez-vous donc
                    Badurel, se remettant
                    à 4 pattes.
  Ce n'est pas une existence... je
vais devenir quadrumane !
(Il marche doucement suivi par
Eméraldine ; toutes les pensionnaires
se rapprochent peu à peu dans l'ombre et les entourent. Tout à coup la
porte de droite, s'ouvre brusquement et
Joseph, le jardinier paraît, une lu-
mière à la main – La scène s'éclaire, saisissement général – Joseph
s'arrête stupéfait sur le seuil de
la porte.)

_____ Scène 10e _____
            Les Mêmes, Joseph
                Tous, poussant un cri
Oh !
                    Joseph
M'sieu Badurel
                    Badurel, se relevant
                    vivement et se sauvant tout attrapé
                    dans un coin.)
Tapristi ! je dois faire une sale tête
                    Eméraldine, tâchant
                    de reprendre son sang froid)
Pourquoi ne dormez-vous pas
Mesdemoiselles ! Et vous, Joseph,
qui vous a permis ! ....
                    Joseph
Faites excuse, mam'zelle... j'ai cru
bien faire – Je viens d'apercevoir au
clair de la lune, deux individus cachés là sur le balcon.

(Mouvement d'inquiétudes des pen-
sionnaires)
                    Alice, les a recompagnés
Les voilà pris
                    Eméraldine
Vous êtes fou, mon garçon.
                    Joseph, se dirigeant
                    vers la fenêtre
Tou ! allons donc ! je sais ce que je
dis... j'ai de bons yeux !
(La fenêtre s'ouvre ; Christian et
Fifrelin paraissent)

_____ Scène 11e _____
        Les Mêmes, Christian, Fifrelin
                Christian, s'avançant
En effet, vous avez bien vu, mon brave
                    Eméraldine
Deux jeunes gens ici !
                    Badurel
Mon institution ! (allant vers eux sé-
vèrement) Petits malheureux ! qu'est
ce que vous faites là !
                    Christian et Fifrelin, riant
Eh ! bien, et vous, Monsieur Badurel !
                    Badurel, à part
C'est juste ; ils ont raison, je suis collé
                    Eméraldine
Joseph ! allez prévenir la justice
                    Christian
A votre aise... Comme ça, nous nous
expliquerons tous une bonne fois.
                    Eméraldine
Plaît-il ?.. De quel droit, messieurs !
qui êtes-vous ?
                    Christian
Christian... prince héritier d'Illyrie,
fiancé de Mlle Alice.
                    Toutes
Ah !
                    Alice, émue
Monsieur !
                    Fifrelin
Et moi, Fifrelin Grobichon, petit
cousin de Mlle Fanny.
                    Fanny, joyeuse
Mon petit cousin !
                    Eméraldine furieuse.
Ne les écoutez pas, Mesdemoiselles.

Christian
Parlez, Mesdemoiselles, ne craignez rien — Qui ou non, êtes-vous ici de votre plein gré ?

Toutes
Non ! Non !

Fifrelin
Voulez-vous en sortir ?

Toutes
Oui !... oui !

Fifrelin
Enfoncé le pensionnat des petites Brebis !

Esmeralda
Patatras ! je suis ruinée !

Bradurel
Consolez-vous — une fois mariés, nous fonderons une institution pour les deux sexes.

Joseph
Ah ! ben ! je vous l'avais t'y pas dit ! il arrive toujours un moment où qu'il faut que le cœur parle.

Fifrelin, lui serrant la main
Merci, Joseph !

Ronde finale
Vive l'amour, Vive l'amour
Qui mène
L'espèce humaine ;
Il faut y passer chacun à son tour,
Vive l'amour !

www.ingramcontent.com/pod-product-compliance
Lightning Source LLC
Chambersburg PA
CBHW060615050426
42451CB00012B/2270